AF284504

Bluewashing und Greenwashing für Unternehmen

Wie mit effektivem Nachhaltigkeitsmanagement wirklich Gutes tun und
Ihr Image verbessern

Carsten Pepitz

INHALT

Einführung in das Buch

Jedes Unternehmen hat eine Philosophie, eine Vision und eine prägnante Zielsetzung. Die Entscheidungen und Strategien in einem Unternehmen werden von den vorgegebenen Unternehmenszielen abgeleitet. Primär möchte jedes Unternehmen Gewinn erzielen und eine Unternehmensgeschichte schreiben. Im Laufe der Zeit wurde die Übernahme von sozialer und ökologischer Verantwortung zu einem weiteren fundamentalen Ziel. Grundsätzlich lassen sich Unternehmensziele anhand der drei Zielarten in ökonomische, soziale und ökologische Ziele unterscheiden. Es gibt eine Reihe von Stakeholdern, welche das Handeln und die Zielerreichung des Unternehmens beeinflussen: Kunden, Mitarbeiter, Partner, Investoren bis hin zu den Journalisten, die über ihr Unternehmen berichten. Durch die Digitalisierung hat die Presse einen immer größer werdenden Stellenwert, denn, was die Öffentlichkeit über Ihr Unternehmen erfährt, prägt Ihren Gewinn.

Ein besonderes Interesse haben die heutigen Journalisten immer an Schlagzeilen und wenn die Headlines im Idealfall noch imageschädigend sind, trägt dies noch mehr Früchte. In einer Zeit, in der die Klimakrise, Digitalisierung, Mobilität und Konsum die Macht der Öffentlichkeit übernommen haben, liegen diese Themen nahe, um Ihren Unternehmen daraus ein Strick zu drehen. Wir werden von problematischen und negativen Schlagzeilen erschlagen: weitreichende Plastikprobleme, die monatelangen Waldbrände auf der ganzen Welt oder die steigenden Zahlen der Klimaflüchtlinge. Von der Gesellschaft wird das grüne und blaue Handeln von Politik und Wirtschaft auf die Goldwaage gelegt. Auf einem dünnen Ast werden mögliche Strategien balanciert, in der Hoffnung, nicht runterzufallen. Irgendwo dazwischen befinden sich Generalisten, die in Unternehmen komplexe Strategien zur Nachhaltigkeit entwickeln. Das ist eine Aufgabe, die sicherlich auch nicht immer einfach ist.

Schaut man sich den Wettbewerb an, versucht sich jeder an verschiedenen grünen oder sozialen Projekten. Die Schwierigkeit ist allerdings, sich für die richtigen Wege zu entscheiden. Ein Fehler im Konzept kann zu schwerwiegenden Greenwashing- und Bluewashingskandalen führen. Demnach sollten keine Entscheidungen über das Knie gebrochen werden. In diesem Buch erfahren Sie, wie Sie negativer Presse entkommen, ein Konzept zu Nachhaltigkeit für Ihr Unternehmen aufsetzen und eine daraus resultierende Unternehmensgeschichte schreiben.

Nachhaltigkeit und soziales Engagement im Trend

In der Politik, in der Wirtschaft oder im Munde der Gesellschaft: Nachhaltigkeit ist ein Thema, welches immer mehr Aufmerksamkeit erhält und dadurch immer wichtiger wird. Mittlerweile haben die Menschen verstanden, dass die Ressourcen der Welt nicht unendlich sind. Demnach findet ein Umdenken statt und eine Veränderung von verschiedenen Interessengruppen, aus der Wirtschaft und der Gesellschaft ist unabdingbar.

Doch was bedeutet eigentlich Nachhaltigkeit und gibt es einen Unterschied zum sozialen Engagement? Nachhaltigkeit ist ein Terminus mit kontinentaleuropäischem Ursprung, welcher historisch aus der Forstwirtschaft des 18. Jahrhunderts stammt. Heute wird die Nachhaltigkeit auch mit „längere Zeit andauern oder bleiben" gleichgesetzt. Des Weiteren wird Nachhaltigkeit mit der Erhaltung der Regenerationsfähigkeit, der Dauerhaftigkeit mit einem Weitblick oder der Zukunftsfähigkeit adaptiert.

Die Wortschöpfung hängt mit einem Konzept zusammen, welches durch die World Conservation Strategy (1980) der International Union for Conservation of Nature and Natural Resources (IUCN) und des World Wide Fund for Nature (WWF) entwickelt wurde. Die gesamte Methodik wurde durch die Weltkonferenz in Rio de Janeiro von 1992 globalisiert. „Nachhaltige Entwicklung heißt danach, ein natürliches System ausschließlich so zu nutzen, dass es in seinen wesentlichen Charakteristika langfristig erhalten bleibt".

Der Begriff Nachhaltigkeit wird immer in Verbindung mit Ökologie, Ökonomie und Sozialem stehen. Genau hier liegt die Herausforderung, denn die Begriffe miteinander in Einklang zu bringen, ist fast unmöglich und somit ist Nachhaltigkeit ein theoretisches Phänomen, welches praktisch nicht umsetzbar ist. Trotzdem spricht die Gesellschaft zunehmend von einer nachhaltigen Lebensweise. Mittlerweile ist für viele Menschen aus einem grünen Trend eine Lebenseinstellung geworden. Dennoch ist es so, dass jeder Haushalt eine andere Meinung zum grünen Lebensstil hat, sodass sich hier die Gesellschaft spaltet. Für viele Individuen ist das Integrieren der Nachhaltigkeit in den eigenen Alltag eine kleine Reise. Wiederum andere Menschen stehen dieser Entwicklung negativ gegenüber.

Angelehnt an diese Epoche, verändern sich auch die Politik und die Wirtschaft. Somit wird in vielen Branchen an einer großartigen Entfaltung gearbeitet. Mittlerweile gibt es nicht nur bei dem Einkaufen, Shoppen oder für Reisen neue innovative Ideen, welche dabei helfen, einen geringeren ökologischen Fußabdruck zu hinterlassen. In Anlehnung an diese weiterreichenden und

langfristigen Veränderungen hat die Weltgemein-
schaft im Jahr 2015 die UN-Agenda 2030 verabschiedet, welche als Fahrplan für die Zukunft die-
nen soll. Auf der Traktandenliste sind viele ökonomische, ökologische sowie auch soziale Punkte
im Bereich der nachhaltigen Entwicklung nieder-
geschrieben. Diese Neuerungen sprechen für eine
strategische Veränderung der Politik und der
Wirtschaft.

Neben dem nun oft angesprochenen Begriff
der Nachhaltigkeit wird auch immer häufiger mit
dem Anglizismus gearbeitet. Aus diesem Grund
findet man in vielen Literaturen auch eine Gleich-
setzung mit dem Begriff „CSR", welches eine Ab-
kürzung für den englischen Begriff Corporate
Social Responsibility ist. Übersetzen kann man
dies mit der gesellschaftlichen Verantwortung
von Unternehmen. Nun ist fraglich, ob die gesellschaftliche Verantwortung immer mit sozialem
Engagement in Zusammenhang steht.

Soziales Engagement kann in allen Gesell-
schaftsbereichen in verschiedenen Formen ausge-
führt werden. Eine Enquete-Kommission, welche
vom Deutschen Bundestag bestimmt wurde, hat
eine Auflistung zusammengestellt: politisches

Engagement, soziales Engagement, Engagement in Vereinen, Verbänden und Kirchen oder das Engagement in öffentlichen Funktionen. Des Weiteren zählt auch das gegenseitige Engagement dazu, worunter Nachbarschaftshilfen, Genossenschaften oder moralische Unterstützungen fallen. Auch die Selbsthilfe ist eine Art Engagement, welche an sich selbst gerichtet ist. Hierzu zählen unter anderem zum Beispiel Selbsthilfegruppen. Diese Art von Selbsthilfe gehört jedoch auch zum bürgerschaftlichen Engagement.

Der Begriff ist also recht breit gefasst und findet sich in allen Lebensbereichen wieder. Die genaue Definition des Begriffs steht im Duden wie folgt geschrieben: „[persönlicher] Einsatz aus [weltanschaulicher] Verbundenheit; Gefühl des Verpflichtet-Seins zu etwas". Die ursprüngliche Wortherkunft „Engagement" stammt aus dem französischen und entlehnt sich dem Wort engager. Auch hier findet sich eine ähnliche Definition wie auch im Duden geschrieben steht. Engager bedeutet Aufforderung oder Verpflichtung.

Die beiden Begriffe Nachhaltigkeit und soziales Engagement sind insofern unterschiedlich, als es sich bei der Nachhaltigkeit um einen

langfristigen Begriff handelt. Wenn die Gesellschaft immer nachhaltiger wird, geht man davon
aus, dass es sich um eine Werteveränderung handelt und nicht um einen Trend. Soziales Engagement kann dem entgegen auch eine kurzfristige
Handlung sein, welche nicht an eine strategische
Veränderung geknüpft ist. Dennoch haben beide
Begriffe einen grünen und einen sozialen Hintergrund.

Es ist offensichtlich, dass ein Wertewandel in-
nerhalb der Gesellschaft stattgefunden hat. Doch
wie erkennt man diesen? Kumulierend bezieht
sich ein Wertewandel auf die menschlichen Bedürfnisse und die Veränderung dieser. Werte im
Allgemeinen erfüllen wichtige Funktionen, welche das Verhalten der Menschen prägen. Die Hal-
tung bezeichnet die Eigenschaften und Qualitäten,
welche für die Gesellschaft erstrebenswert sind.
Die Wertvorstellung wird von vielen Seiten beeinflusst. Unter anderem spielen die Erziehung, die
Lebenssituation, der Freundes- und Kulturkreis,
die Religion und viele weitere Lebensbereiche eine
große Rolle. Zu diesen Lebensbereichen zählt auch
die grüne Wende, welche sich in der Gesellschaft
niedergelassen hat. Die Nachfrage nach

biologischen Produkten im Supermarkt ist stetig gewachsen und mittlerweile auf dem Markt etabliert. Des Weiteren hat sich auch die Einstellung zum Umweltschutz verändert. Hier entwickelt sich nicht nur der Einkäufer, auch die Unternehmen erleben und kreieren diese Umgestaltung.

Der Sinneswandel ist auf eine Wissensvermehrung zurückzuführen. Die Qualität von Wissen hat sich in den letzten Jahrzehnten entfaltet und gleichzeitig hat immer mehr Innovation stattgefunden. Unzählige neue Produkte und Dienstleistungen sind auf dem Markt etabliert worden. Wissen kann global entscheidend für einen nachhaltigeren Lebensstil sein, denn ausschlaggebend ist eine ressourcensparende Innovation, welche durch die Wissbegierde der heutigen Gesellschaft hervorgerufen wird. Letztlich hängt der nachhaltige Sinneswandel also oftmals mit den verschiedenen Generationen und deren persönlichen Einstellungen zusammen.

Obwohl das Zukunftsinstitut immer noch von einem Megatrend spricht, würde ich persönlich sagen, es handelt sich vielmehr um eine Veränderung der Lebenseinstellung, welche von privaten Haushalten bis hin zu der Politik und der

Wirtschaft reicht. Die dadurch entstandene Handlungsmoral beeinflusst nicht nur unseren Alltag im 21. Jahrhundert, sondern auch unser Umwelt- und Verantwortungsbewusstsein.

Es steht fest, dass der Zustand unseres Planeten mit der eigenen Existenz gekoppelt ist. Das mag noch nicht bei jedem angekommen sein, aber immerhin sind die meisten Unternehmen mittlerweile so weit, dass viele Bereiche, welche das Unternehmen betreffen, an eine Umweltbewegung geknüpft sind. Die Klimakrise wird demnach zur Grundlage einer weitreichenden globalen Identität.

Zusammenfassend sind es also fünf verschiedene Fakten, von denen wir hier sprechen.

1. DIE GENERATION GLOBAL

Es entstehen neue Werte und diese werden von der Gesellschaft wahrgenommen. Beeindruckend ist, dass vor allem die jüngeren Generationen sich hier Gedanken machen. Dies steht vor allem damit im Zusammenhang, dass die Generationen Y oder Z verstanden haben, dass es um die Existenz der

Weiterentwicklung der Menschheit geht. Wenn wir weiterleben wie bisher, werden wir nicht mehr lange auf unserem Planeten verweilen können. Demnach bildet sich eine Identität, welche von der jungen Generation auf die älteren übertragbar ist. Mit der Zeit finden sich immer mehr Menschen in dieser Lebenseinstellung wieder und es entsteht eine Freude daran, sich hier zu entwickeln und das Leben zu ändern. Dieses neue Mindset ist nicht nur gesellschaftlich korrekt, auch könnte diese neue globale Identität ein neues Lebensgefühl hervorrufen.

2. NEUE MÄRKTE – NEUER KONSUM

Die bisherigen Konsummuster werden von Zeit zu Zeit immer kritischer hinterfragt. Mittlerweile ist das Kaufmuster nicht weiter einheitlich zu identifizieren. Nicht jeder lebt die neue Einstellung, dass es von hoher Bedeutung ist, genau auf die Produktlebenslinie zu achten, aber dennoch wird genau diese Gruppe immer größer. Mittlerweile kauft knapp jeder zweite Verbraucher (64 %) eine Marke wegen des gesellschaftlichen Verhaltens.

Zudem ist bereits die Hälfte der deutschen Konsumenten (48 %) bereit, höhere Preise zu bezahlen, sofern die Produkte nachhaltig sind. Es entstehen Communitys und Netzwerke, welche diese Themen nicht nur diskutieren, sondern auch leben. Es entsteht ein neues „Wir-Gefühl", eine „Wir-Kultur" und immer mehr Menschen möchten dazugehören und nehmen neue Werte wahr. Die Gesellschaft wird durch diese Werteveränderung neu geformt und demnach werden auch Unternehmen davon beeinflusst. Der Einzelhandel, aber auch alle möglichen weiteren Unternehmen, werden dazu angehalten, auf die Produktlebenslinie Acht zu geben. Die Strategien, Konzepte und Brandstorys werden angepasst und neu aufgestellt.

UMWELT UND DAS NEUE GESUNDE LEBEN

Der vollständige Sektor Gesundheit wird umgestellt, neu strukturiert, aber vor allem auch neu definiert. Heute ist nicht mehr nur ungesund, wer viel Zucker ist – nein, heute ist auch derjenige ungesund, der nicht weiß, woher die Lebensmittel kommen: Wer nicht regional, saisonal oder biologisch kauft. Oftmals passiert es in der Gesellschaft, dass die Produkte, die früher Verkaufsschlager gewesen sind, einfach nicht mehr gekauft werden. Mittlerweile liegt der Fokus der Lebensmittel auf ganz anderen Faktoren. Wer heute gesund leben und sich gesund ernähren möchte, der achtet auf Tier, Mensch, Technologie sowie auch Natur und nicht nur auf die Anzahl der Kalorien. Auch hier handelt es sich um ein Phänomen, denn die Wortdefinition von „bewusster Ernährungsstil" ist mittlerweile nicht mehr gemessen an den Werten der Lebensmittel, sondern vor allem auch daran, ob das Produkt „plant-based" ist. Das physische, psychische und soziale Wohlergehen ist also im 20. Jahrhundert von der Einstellung zu den Nahrungsmitteln abhängig.

4. POSTWACHSTUMSPARADIGMA

Die Nachhaltigkeit der Gesellschaft, ja sogar die Nachhaltigkeit der ganzen Welt, ist ein Thema, welches zur Transformation von vielen verschiedenen Bereichen anhält. Es gibt wohl kein weiteres Thema auf der Welt, wobei Politik, Wirtschaft und die Gesellschaft so an einem Strang ziehen.

Nicht immer in der gleichen Geschwindigkeit oder mit der gleichen Intensität, dennoch ist allen bewusst, dass wir diesen Lebensbereich verändern sollten. Die Politik hat sich der Aufgabe angenommen, diesen Wandel mit Regulierungen oder auch verschiedenen Anreizen voranzutreiben. Viele Unternehmen sind auf dieses Boot aufgesprungen und treiben bereits Veränderungen voran. Vor allem viele Start-ups sind sehr grün ausgerichtet und unterstützen die Einstellung der Konsumenten. Es ist bereits ein neuer Zeitgeist entstanden, welcher nicht nur Mainstream geworden ist, sondern auch das System im Kopf und in der Wirtschaft umstellt.

5. POLITIK UND DIE GESETZGEBUNG

Die Politik macht riesige Fortschritte, wenn es um die Transformation der Erde geht. Grüne Kampagnen sieht man von vielen Parteien, ganz vorne natürlich weiterhin die Grünen wie auch die Linken. Bei den anstehenden Wahlen erhalten die Parteien immer mehr Stimmen und perspektivisch werden die Ergebnisse immer besser. Im Jahr 2018 wurde die EU-Plastikverordnung verabschiedet, welche Plastikmüll reduzieren soll. Das Ergebnis dieser Verordnung sehen wir tagtäglich in unserem Leben, da immer mehr Plastikprodukte aus den Supermarktregalen verschwinden. Aber die Politik macht auch weitere Fortschritte, wie etwa die deutsche Energiewende und die EU-Abgasverordnung.

NACHHALTIGKEIT IN DER WIRT-SCHAFT

Lange Zeit war das Thema Nachhaltigkeit für die Unternehmen ein Bereich, welcher Ärgernis und Ängste hervorgerufen hat. Eine Transformation hat sehr lange auf sich warten lassen, denn alle Themen, die in den Bereich der Nachhaltigkeit fielen, wurden grundsätzlich einfach als „zu teuer" abgestempelt. Demnach hat der Trend anfangs keine großen Wellen in den Unternehmen geschlagen. Unsicherheit und Ärger haben viele Fragen aufgeworfen: Wie sollen wir wettbewerbsfähig bleiben? Wie sollen wir wachsen können? Wie sollen wir überhaupt grüne Zahlen schreiben, wenn die Maßnahmen unser Unternehmen nur

Geld kosten? Im Laufe der Zeit hat sich dies geändert, denn Start-ups sind aus dem Boden geschossen und haben den großen Unternehmen vorgemacht, wie grünes Wirtschaften funktioniert."

Viele Konsumenten und Verbraucher sind bereit, mehr Geld für qualitativ gute Produkte und eine gesunde Ernährung auszugeben. Demnach können die Unternehmen, welche nachhaltig produzieren, auf Plastik verzichten oder weitere Maßnahmen ins Leben rufen, einen klaren Vorteil haben. Eine nachhaltige Unternehmensstrategie ist vor allem sinnvoll in folgenden Gebieten:

Mehr Investments
Dadurch, dass Nachhaltigkeit kein kurzweiliger Trend ist, sondern eine Lebensveränderung darstellt, werden die Investitionen in die Unternehmen größer, welche bereits grün wirtschaften. Dabei spielt es keine Rolle, ob es sich um ein kleines Start-up, ein aktiennotiertes Unternehmen oder ein Familienunternehmen handelt. Investitionen können genutzt werden, um Innovation umzusetzen oder die Infrastrukturen zu erweitern. Die ESG-Aktien und -Fonds haben Investments in

nachhaltige Unternehmen vorangetrieben, dennoch hat es das Argument „Nachhaltigkeit" schon vorher gegeben. Nicht erst seit gestern stecken die großen Unternehmen, Privatpersonen oder sogar der Staat ihre finanziellen Mittel in Unternehmen, welche weiter denken als bis morgen.

Wer in Nachhaltigkeit investiert, schafft einen Wohlstand und befriedigt die Bedürfnisse der Gesellschaft. Vor allem Start-ups überzeugen oft unzählige Menschen in Crowdsourcing-Aktionen oder Crowdfundings von Ihrer Geschäftsidee, dennoch können auch lang bestehende Betriebe eher auf finanzielle Unterstützung hoffen, wenn es grüne Innovation im Unternehmen gibt, denn Banken und der Staat sind eher bereit, Kredite auszugeben oder Fördermittel zur Verfügung zu stellen, wenn es sich um einen gesellschaftlichen Nutzen handelt.

Mehr Wachstum durch nachhaltige Innovation

Für viele Unternehmen bedeutet Wachstum in erster Linie, mehr Umsatz zu machen, indem mehr Produkte an die Verbraucher verkauft werden. Allerdings sprechen wir ebenfalls vom Wachstum, wenn Produkte, die neu ausgerichtet werden, ein besseres Image erhalten und somit der Preis höher angesetzt werden kann. Viele Unternehmen hoffen weiterhin auf Skaleneffekte, um die Produkte und Dienstleistungen günstiger verkaufen zu können – die Produkte stattdessen einfach aufzuwerten, scheint vielen nicht sinnvoll. Haben Ihre Kunden allerdings das Gefühl, dass sie der Welt einen Mehrwert verleihen, indem das Produkt gekauft wird, dann sind sie auch bereit, höhere finanzielle Mittel auszugeben.

Die Möglichkeit der Preiserhöhung ist gegeben, wenn die Qualität bzw. die Wertschöpfungsketten verbessert werden kann, Re- und Upcycling-Systeme genutzt werden oder das Bekenntnis zu lokaler Produktion wie auch Mindestlöhnen besteht. Zusätzlich ist die Unternehmenstransparenz besonders wichtig, um eine authentische Außendarstellung zu gewährleisten.

Einsparungen durch ressourceneffizientes Wirtschaften
Nachhaltigkeit im Unternehmen kostet nicht immer nur Geld. Es gibt auch Möglichkeiten, wie man etwas für das grüne Unternehmensimage

machen kann, ohne direkt etwas an der Produktion zu verändern. Maßnahmen, welche die Ressourcen im Unternehmen betreffen, sind ebenso wichtig. Angefangen mit den Abfall- und Entsorgungskosten, welche einen großen Kostenpunkt für produzierende Unternehmen darstellen. Entwickeln Sie einen Plan für Ihr Unternehmen, wie Sie Ihre Abfälle reduzieren, recyceln oder verkaufen können. Das ist nicht nur nachhaltig, sondern auch effizient und gut für Ihren Geldbeutel.

Des Weiteren gibt es vor allem im Bereich der Energieeffizienz Einsparpotenziale für Unternehmen: Senken Sie Ihre Heizkosten, indem Sie smarte Thermostate nutzen oder sogar eine energetische Sanierung vornehmen. Oftmals können diese Investitionen langfristig sehr wertvoll sein. Investieren Sie außerdem in erneuerbare Energien wie zum Beispiel Solaranlagen. Zusätzlich wirkt sich auch ein Wasserhahn mit Infrarotsteuerung auf Ihre Betriebskosten aus. Stattdessen kann man natürlich auch einfach einen Wasseraufsatz wählen, welcher den Wasserverbrauch kontrolliert. Es gibt noch viele weitere Möglichkeiten, um die eigenen Kosten im Betrieb sparen zu können.

Woraus resultierte das Bedürfnis, in den Unternehmen nachhaltig zu handeln? – Vor einiger Zeit wurden Umweltorganisationen lediglich belächelt, die steigenden Umweltkatastrophen sowie auch die Überschwemmungen oder größer werdende Müllberge in den Ozeanen haben die Menschheit nur sehr langsam wachgerüttelt. Selbst die schmelzenden Eisberge haben erst nach und nach das Interesse der Konsumenten, der Unternehmen und der Politik geweckt. Die verheerenden Folgen, welche daraus resultieren, dass erst jetzt nachhaltig gehandelt wird, werden den Menschen nun vor Augen geführt.

Mit der Zeit hat sich die gesellschaftliche Sichtweise endlich gewandelt. Die Lebensmittel-, Kosmetik-, Möbel- oder Textilunternehmen, die schon längst einen großen Wert auf nachhaltiges Wirtschaften legten, sind plötzlich sehr angesehen. Die Nachfrage seitens der Konsumenten stieg mit der Zeit rapide an. Auch zu diesem Zeitpunkt hat es noch viele Konkurrenten gegeben, welche das grüne Handeln der Unternehmen lediglich als Antwort auf einen kurzfristigen „Ökowahn" angesehen hatten. Mittlerweile ist es auch den Wettbewerbern bewusst, dass bei ihren Konsumenten ein

Umdenken stattgefunden hat. Zwischenzeitlich sind wir mit der Nachhaltigkeit so weit, dass jedes Unternehmen, welches nicht nachhaltig handelt, mit negativer Presse glänzt. In Zeiten von sozialen Medien können wir so weit gehen, dass man von einem „Shitstorm" sprechen kann.

Definition Greenwashing

Sollten Sie sich als Unternehmen dafür entscheiden, ein Konzept für das Nachhaltigkeitsmanagement umzusetzen, dürfen
Maßnahmen für den möglichen Vorwurf von Greenwashing nicht fehlen. Ein Risiko von Nachhaltigkeitsmanagement ist ein Imageschaden, welcher auf diese erwägenswerte Anschuldigung der
Gesellschaft, der Medien oder Wettbewerbern zu-
rückfällt.

Der Begriff Greenwashing kann aus dem Englischen mit „grün waschen" übersetzt werden.

Hierbei handelt es sich um Unternehmen, welche auf ein umweltfreundliches Image abzielen, wobei nicht alle Handlungen ökologisch integer sind. Durch die gezielte Verbreitung von Fehlinformationen wird der Kunde zum Kauf angeregt. Den Konsumenten wird mithilfe von Werbemaßnahmen vorgegaukelt, ein gutes Unternehmen zu unterstützen, wobei es sich lediglich um Werbelügen handelt.

Hierbei muss ich betonen, dass mit Desinformationen nicht zwingend die Unwahrheit gemeint ist. Oft sind die verschiedenen „grünen Behauptungen", welche ein Unternehmen für Werbezwecke nutzen, sogar wahr. Das Kerngeschäft des Unternehmens ist allerdings dahin gehend nicht umweltfreundlich. Die Strategie ist in diesem Fall, von anderen Problemen, die ihre Produkte verursachen, abzulenken. Greenwashing nennt sich somit eine weitverbreitete Praktik, um mit dem guten Gewissen der Verbraucher die finanziellen Mittel zu erhöhen. Mithilfe dieser Methodik wollen die Unternehmen einen Imagegewinn erzielen. Diese Praktik funktioniert, da Verbrauchern das nachhaltige Wirtschaften immer wichtiger und somit das Bewusstsein für ein nachhaltiges Leben immer stärker wird. Mit verschiedenen Bildern, Symbolen oder Werbeslogans wird schnell ein falsches Bild des Produktes vermittelt. Kühe auf schönen grünen Weiden, auf der Verpackung des Rinderfilets oder auf einer Milchtüte, Bilder von Hühnern, die glücklich auf großen Wiesen sitzen, auf den Eierkartons: Diese einfachen Gestaltungen der Verpackungen sorgen schon für eine positive Verknüpfung des Konsumenten mit dem Produkt und demnach auch mit dem Unternehmen.

Ein weiteres Beispiel ist die Textilindustrie. Hier wird nebenbei am meisten Greenwashing betrieben. Wenn ein Bekleidungsgeschäft damit wirbt, dass die verkauften T-Shirts aus Bio-Baumwolle hergestellt werden, klingt dieses erst einmal positiv für den Käufer. Dennoch sollte man diese Fälle genau betrachten, denn ein Shirt aus Biobaumwolle ist noch lange nicht nachhaltig. Die Kleidung ist zwar aus Bio-Baumwolle, dennoch wurde diese möglicherweise unter menschenunwürdigen Bedingungen genäht und produziert. Auch die Weiterverarbeitung ist oftmals nicht nachhaltig und grün – im Gegenteil, wer weiß, wie das Produkt in Deutschland in die Läden gekommen ist. Unternehmen stellen allerdings in der Regel nur die positiven Seiten vor.

Eine weitere beliebte Täuschung ist es, mit nachhaltigen Merkmalen eines Produktes Werbung zu machen, wenn genau diese Aspekte ohnehin gesetzlich vorgeschrieben sind. Ein Praxisbeispiel sind Matratzenhändler, welche damit werben, dass die Produkte „FCKW-frei" sind. Dabei ist ebendieser Stoff schon seit dem Jahr 1991 gesetzlich verboten. Dieses Verfahren nennt sich laut Verbraucherzentrale NRW „Werbung mit Selbstverständlichkeit". In diesem Zuge machen oftmals auch Unternehmen Werbung damit, dass die Produkte beispielsweise „Biologisch zertifiziert" sind. Ein solches Label gibt es nicht, die Konsumenten können dies in der Regel aber nicht wissen. Indem es ein solches Siegel nicht gibt, überprüft auch niemand diese Aussagen.

Hier sind wir in einer klassischen Grauzone, demnach sprechen wir hier von einer Behauptung, die niemand kontrolliert, demnach ist es weder richtig noch falsch oder überhaupt kontrollierbar. Heutzutage arbeiten sehr viele Unternehmen mit verschiedenen Siegeln oder Labels, um sich am Point of Sale gut zu präsentieren. Das machen die Unternehmen, da es weder verboten noch strafbar ist.

Ein gutes Beispiel sind Produkte, welche als „plant-based" ausgewiesen sind. Da „plant-based" kein offizieller Begriff ist, dieser nirgends eingetragen oder definiert ist, können die Unternehmen alles Mögliche behaupten. Das Schlimmste ist in diesem Fall, dass viele Konsumenten „plant-based" auch noch mit „vegan" gleichsetzen. Bin ich also ein Konsument, welcher nur schnell in den Supermarkt springt, nach Lust und Laune, aber ohne viel Zeit einkaufen geht, kann es mir passieren, dass ich Produkte kaufe, welche nicht meinen Wertevorstellungen entsprechen. Doch wer ist in diesem Fall schuld? Kann es überhaupt einen Schuldigen geben?

WIE DEFINIERT DIE GESELL-SCHAFT GREENWASHING?

Es handelt sich um Greenwashing, wenn das Kerngeschäft umweltschädlich ist (zum Beispiel Kreuzfahrten und die Kohle oder Mineralöl-Industrie). In diesem Fällen kann ein Unternehmen sehr viele Maßnahmen ergreifen, um ein grünes

Image zu erzielen, dennoch bleibt das Grundgeschäft so schädlich, dass wir nicht von einem nachhaltigen Unternehmen sprechen können. Hier gibt es allerdings auch Ausnahmen. Dazu zählt zum Beispiel das Unternehmen Frosta. Die Tiefkühlung von Produkten ist umweltschädlich, da viel Energie genutzt werden muss. Dennoch versucht Frosta, alle Informationen transparent aufzubereiten und alle Verfahren, die der Umwelt schaden, zu verbessern. Demnach ist ein genauer Blick auf die Unternehmen sinnvoll.

Ein weiterer Aspekt ist die Verteilung der finanziellen Mittel. Sofern ein Unternehmen ein positives Vorhaben für die Umwelt umsetzt und dafür mehr Werbung gemacht wird, als das Vorhaben kostet, nennt es sich ebenfalls Greenwashing. Hier ist eindeutig zu erkennen, dass ein Unternehmen sein Image grün waschen möchte. Im großen Stil können wir dieses Instrument bei Krombacher wiederfinden. Jeder kennt die Regenwaldkampagne, was in diesem Fall kein gutes Zeichen ist. Die Maßnahme vom Krombacher ist so bekannt, dass wir hier von einem klassischen Fall von Greenwashing sprechen, wobei das Unternehmen so viel negative Presse gemacht hat, dass mittlerweile jeder Konsument davon weiß. Es gibt allerdings auch viele weitere Unternehmen, die diesen Aspekt im kleineren Stil für sich nutzen.

Wie bereits beschrieben, definieren wir Greenwashing auch dann, wenn entweder mit Selbstverständlichkeiten geworben wird – wie das Matratzengeschäft, welches mit gesetzlichen Vorgaben wirbt oder wir anhand von Labels und Siegeln getäuscht werden. Hier sprechen wir im Großen und Ganzen von der Verbreitung von Unwahrheiten. Dazu zählen auch die Beispiele der Textilindustrie oder der Lebensmittelindustrie, wenn also mit einem ökologischen Vorteil geworben, aber an anderer Stelle nicht umweltfreundlich gehandelt wird.

Da wir nun wissen, was Greenwashing ist und wie es ausgelöst wird, werden wir als Konsumenten und Verbraucher vielleicht genauer auf Hinweise achten. Dennoch können wir nicht immer anhand des Labels oder anhand der Zertifizierungen erkennen, ob es sich um ein nachhaltiges Unternehmen oder doch nur um Greenwashing handelt.

Mithilfe eines Nachhaltigkeitsberichtes lässt sich zumindest für Experten gut erkennen, ob es sich um echtes Nachhaltigkeitsmanagement handelt oder wir doch lediglich von Greenwashing sprechen. Ein durchdachter Bericht ist simpliciter, umfasst neben den positiven Erfolgen auch die Komplikationen und verfügt über eine Transparenz, wohingegen ein unzureichender Bericht oftmals wenig Zahlen enthält und schlussendlich ambigue formuliert ist. Der Nachhaltigkeitsbericht schafft die Grundlage für ein gutes Nachhaltigkeitsmanagement. Ursächlich hierfür ist die gezielte, organisierte und vollständige Informationsvermittlung an die Stakeholder. Weitere Aspekte, welche für einen herausragenden Bericht sprechen, sind die lückenlose Planung, die Messung der eigenen Leistungen und die interne Übersichtlichkeit.

Bei genauerer Betrachtung erkennen aber auch Laien Greenwashing, da es weitere Anzeichen gibt. Zum einen haben viele Unternehmen ein Umweltsiegel, welches in der Regel für eine nachhaltige Produktion, nachhaltige Ressourcen oder einen ökologischen Hintergrund steht.

Ein weiterer Aspekt ist die irreführende Werbung. Viele Verbraucher sind skeptisch, wenn Unternehmen oder Marken mit verschiedenen grünen Slogans, einer grünen Verpackung oder nicht definierbaren Erläuterungen auf einer Produktverpackung werben. Dazu zählen auch unwahre Behauptungen oder Übertreibungen, welche der Käufer sofort aufdecken kann. In diesem Zusammenhang werden häufig Beschönigungen genutzt oder nur Einzelheiten ausgewiesen, sodass unklar ist, ob das Produkt nachhaltig ist oder nicht.

WIE ERKENNT DIE GESELL-SCHAFT GREENWASHING?

• Versuchen Sie sich daran, alles zu hinterfragen, was Sie sehen: Wenn Sie sich nicht sicher sind, ob es sich beispielsweise um ein veganes Produkt handelt, da „plant-based" auf der Verpackung steht, dann machen Sie auch gern direkt das Unternehmen darauf aufmerksam. Sie können ohne Umwege bei einem Ansprechpartner nachfragen und Ihre Informationen erhalten. Indem viele Leute nachfragen, wird das Unternehmen zum Umdenken angehalten. Die kleinen Schritte im Alltag können mehr bewirken, als wir es uns manchmal vorstellen können. Also versuchen Sie, sich darauf einzulassen, und fragen Sie einfach öfters nach.

• Nehmen Sie sich täglich einen kurzen Moment Zeit, um sich die aktuellen Medien anzusehen oder anzuhören. Es gibt mittlerweile sehr viele verschiedene Wege, um sich über die aktuellen News zu informieren. Versuchen Sie es doch mal mit den Nachrichten zu einer bestimmten Tageszeit? Oder hören Sie morgens, während Sie sich für die Arbeit zurechtmachen, einen kurzen Podcast. Der Grund dafür ist, dass es viele Unternehmen gibt, welche in der Presse diskutiert werden. Es kann durchaus passieren, dass einige Unternehmen häufiger negativ auffallen und somit wissen Sie für Ihren nächsten Einkauf, welche Produkte Sie vielleicht nicht mehr kaufen möchten. Unternehmen zu unterstützen, welche offensichtlich Greenwashing betreiben, ist grundsätzlich nicht zu empfehlen, da das Unternehmen die Gesellschaft vorsätzlich täuscht.

• Es gibt einige Organisationen, welche sich dem Kampf gegen Greenwashing widmen. Ein bekanntes Beispiel ist die deutsche Verbraucherschutzorganisation „Foodwatch", welche alljährlich den „Goldenen Windbeutel" für die größten und dreistesten Werbelüge des Jahres vergibt. Hier können Sie sich jederzeit informieren, welche Unternehmen mit Unwahrheiten in der Presse gestanden haben. Auch erfährt man im besten Falle noch neue Informationen über diese Unternehmen oder findet einen direkten Ansprechpartner für Fragen.

• Wenn Sie Ihren Wocheneinkauf erledigen, achten Sie darauf, ob die Produkte saisonal sind oder vielleicht aus der umliegenden Region stammen. Vor allem, wenn man genauer hinsieht, steht auf vielen Etiketten die Herkunft oder auch weitere Produktinformationen, welche nützlich sein können. In diesem Fall werden lange Transportwege vermieden und somit der Klimaschutz sichergestellt. Außerdem können diese Produkte in der Regel nicht umweltschädlich sein und hier findet demnach auch kein Greenwashing statt.

• Wenn Sie bei Ihrem Wocheneinkauf Produkte kaufen, bei denen das Werbeversprechen „Nur natürliche Aromen" abgebildet ist, können Sie fast davon ausgehen, dass dieses Unternehmen Greenwashing betreibt. Natürliche Aromen sollten lediglich aus einem natürlichen Rohstoff stammen, nicht aber zwingend aus einem Lebensmittel,

welches Sie im Supermarkt kaufen könnten. Beispielsweise wird ein „natürliches" Erdbeeraroma
mittels mikrobieller Verfahren aus Sägemehl ge-
wonnen. Im weiteren Herstellungsverfahren werden diese Sägemehle von einem Lebensmittelche-
miker in einem Labor entwickelt. Demnach ist
hier an diesem Aroma nur sehr wenig natürlich.
Indem Sie wenig bis keine verarbeiteten Lebensmittel verwenden, können Sie sicherstellen, dass
Sie nur natürliche Lebensmittel zu sich nehmen.

• ie bereits erwähnt, finden viele Unternehmen es
sehr kreativ, sich mit eigenen Siegeln zu schmü-
cken. Mit Sicherheit gibt es tatsächlich viele Unternehmen, die diese Siegel nur verwenden, um
ein Produkt attraktiver zu machen, dennoch sollte
man diesen Siegeln nicht unbedingt vertrauen. Im
Internet können Sie aber genau recherchieren,
welche Siegel eine tiefere Bedeutung haben und
welche nur zur optischen Täuschung angedacht
sind. Sie werden schnell feststellen, dass die offi-
ziellen Siegel sehr übersichtlich sind und tatsächlich die meisten Aufdrucke weder Hand noch Fuß
haben.

• Machen Sie sich gern die Mühe, die Werbung,
welche Ihnen nicht richtig vorkommt, bei der

Verbraucherzentrale zu melden. Die Zentrale kann die Werbung überprüfen und feststellen, ob es sich um Greenwashing handelt oder nicht. Allerdings bleibt hier zu sagen, dass Greenwashing nicht illegal ist. Wobei falsche Werbeversprechen natürlich noch einmal in eine andere Kategorie eingeordnet werden und die Unternehmen in diesen Fällen mit einer Strafe rechnen können. Wenn es sich also um bewusste Irreführung handelt, kann juristisch gegen die Unternehmen vorgegangen werden.

• Ein weiterer Punkt ist es, die Sprache auf den Verpackungen zu analysieren und zu verstehen. Hier gibt es zwei verschiedene Kriterien, auf die Sie achten können: Sprechen die Unternehmen in einem unverständlichen Fachjargon oder mit geschwollener Sprache, lassen Sie lieber die Finger von diesen Produkten und entscheiden Sie sich für andere Marken. Ein weiter Punkt ist die Liste der Zutaten im direkten Vergleich mit den verschiedenen Werbeversprechen, welche Sie von dem Unternehmen in der Werbung oder direkt auf der Produktverpackung erhalten.

GREENWASHING: BEISPIELE AUS DER PRAXIS

Wer sich besonders für das Thema Greenwashing interessiert, kann sich die ZDF-Dokumentation „Grüne Versprechen – Wie Verbraucher getäuscht werden" ansehen. Hier werden die brisantesten Fälle von falschen Werbeversprechen aufgezeigt. Außerdem finden Sie in dieser Dokumentation auch die größten Unternehmen wieder, welche bereits mit Greenwashing in der Presse geglänzt haben.

Einige der größten Fälle werde ich Ihnen nun auch näherbringen, insbesondere, damit Sie das Thema Greenwashing verinnerlichen und anhand von verschiedenen Praxisbeispielen verstehen. Das ist sehr wichtig, wenn Sie selbst Strategien im Bereich Nachhaltigkeit in Ihren Unternehmen platzieren möchten.

Aldi vs. Plastik – 1 Cent für die Mitnahme von Obst- und Gemüsetüten

In diesem Fall sprechen wir von einer besonders dreisten Maßnahme von Greenwashing. Aldi versucht sich in der Rolle als Plastikgegner. Das ist auf viele Arten und Weisen absurd. Vermutlich hat kaum ein Kunde gemerkt, dass an der Kasse ein Cent pro Plastiktüte veranschlagt wurde. Demnach wird kein Konsument auf die Tütchen verzichten. Vor allem, weil Aldi mit völlig unzureichenden Werbemaßnahmen auf diese Aktion aufmerksam gemacht hat. Letztendlich hat Aldi durch die Greenwashingmaßnahme Geld eingenommen, denn was als Kampf gegen Plastik veröffentlicht werden sollte, war lediglich das Wirtschaften in die eigene Tasche.

Insgesamt wurde kaum Plastik gespart, da ebenso viele Tüten im Umlauf gewesen sind, dennoch hat Aldi einen Cent pro Tüte eingenommen. Was auf den ersten Blick nicht nach viel Geld aussieht, ist tatsächlich in der Realität etwas anderes – nehmen wir eine Milchmädchenrechnung als Beispiel – jeder der rund 46 Mio. Kunden würde zehn Plastiktüten im Jahr kaufen, macht das knapp 5.000.000 Euro mehr Gewinn für die Discounterkette.

Amazon und die unzähligen Mengen an CO_2
Amazon hat eine sehr schlechte Umweltbilanz, kein Wunder als Online-Versandhandel. Der breit

aufgestellte Marktführer versendet täglich Millionen von Bestellungen um die ganze Welt. So entstehen sehr große Mengen an CO_2. Zusätzlich unterstützt der Gigant die umweltschädliche Öl- und Gas-Industrie. Jeff Bezos, Chef des Konzerns, versucht, mit einer 10-Millionen-Spende seines Privatvermögens den Klimaschutz zu unterstützen. Seine Strategie ist, seinen Ruf aufzuwerten, indem er finanzielle Unterstützung bietet.

Was erst mal wie ein netter Deal klingt, ist eigentlich Greenwashing, denn Bezos stand bereits an der Spitze der reichsten Menschen der Erde. Zum einen sind 10 Millionen für ihn ein schlechter Scherz und zum anderen erwirtschaftet sein Unternehmen weiterhin mit umweltschädlichen Maßnahmen Milliarden-Gewinne.

RSPO als Retter der Erde
Round Table on sustainable Palmoil wird auch mit RSPO abgekürzt. Der im Jahr 2004 auf Initiative des WWF wie auch Unilever gegründete Round Table on Sustainable Palm Oil versucht, als einheitliche Organisation nachhaltige Anbaumethoden für Palmöl zu fördern. Ziel ist es, die Umweltschädigung zu begrenzen oder im besten Fall zu

minimieren. Außerdem ist es ein Ziel, die Einhaltung der Gesetze zu gewährleisten. Letztere ist eigentlich keine wirkliche Leistung, denn Gesetzte zu brechen, ist strafbar und demnach ist es keine großartige Leistung, wenn sich die Menschheit an die vorgegebenen Regeln hält. Dennoch ist die Initiative nicht sehr konsequent: 2018 hat ein Unternehmen das Siegel „nachhaltiges Palmöl" erhalten, sofern dieses 500 Hektar Regenwald geschützt hat.

Das im Gegenzug aber 20.000 Hektar Wald vernichtet werden dürfen, ist wohl kein guter Tausch. Mittlerweile sind Rodungen allerdings verboten worden, auch, wenn dies niemand überprüft. Somit halten sich auch nicht alle Unternehmen an diese Vorgabe. Die Palmölproduzenten roden mittlerweile nicht mehr selbst, sondern bestimmen Zulieferer, welche sich um diese Arbeit kümmern. Letztendlich werden nicht nur unzureichende Auflagen publiziert, auch die mangelnde Transparenz steht weiterhin in der Kritik.

Definition
Bluewashing

Neben dem bekannten Greenwashing gibt es auch das Bluewashing, welches weniger in aller Munde ist, dabei ist Bluewashing nicht weniger von Bedeutung als Greenwashing. Hier geht es nicht nur um die nachhaltigen Aspekte in einem Unternehmen, sondern um die Maßnahmen, die ein Unternehmen im sozialen Bereich betreibt.

Im Prinzip wird Bluewashing ebenfalls mit ‚blau waschen‘ statt ‚grün waschen‘ übersetzt. Es geht um die Schönfärberei verschiedener sozialer

Projekte. Laut eines Berichtes des Center for Responsibility Research ist die Farbe Blau als Anspielung auf die blaue Corporate-Farbe der Organisation der Vereinten Nationen (UNO) auf humanitäre Interventionen zurückzuführen.

Die Unternehmen nutzen das wachsende ökologische und soziale Bewusstsein von allen Konsumenten und Verbrauchern aus. Den Kunden wird die Herkunft eines Produktes immer wich-tiger. Die Gesellschaft möchte mit einem bedachten Konsum dazu beitragen, die Welt zu verändern, und wünscht, dass die Umwelt- und Arbeitsbedingungen verbessert werden. Unter-nehmen wollen sich grundsätzlich von ihrer besten Seite zeigen, demnach ist die Unterstützung von sozialen Projekten im Portfolio wichtig. Die Verbraucher lassen sich leichter von der Marke und den Produkten überzeugen, wenn das Unternehmen ein sehr gutes Image mit sich bringt.

Bluewashing dient also als PR-Mittel, welches vom Verbraucherportal VIS Bayern als „moralisches Ablenkungsmanöver bezüglich des sozialen Engagements" eines Unternehmens bezeichnet wird. Demnach nutzen die Unternehmen Bluewashing, um die sozialen und ethischen Probleme hinter Ihrer Fassade zu verstecken. Also wird nur ein Bruchteil des Etats für halb-herzige Kampagnen oder kostengünstige wie auch kurzweilige Maßnahmen verwendet, anstatt in die Verantwortung zu treten und authentische Projekte zu starten oder zu fördern. In vielen Fällen werden die finanziellen Mittel eher für die Werbung als für die Projekte genutzt – ein Phänomen, welches wir auch schon für das Greenwashing feststellen konnten. Klasse Botschaften, welche verbreitet werden, sind beispielsweise, dass die Unternehmen sich für faire Löhne einsetzen oder ihre Arbeitskräfte in anderen Formen unterstützen. Dennoch dreht es sich in der Regel lediglich um kurzfristige Kampagnen oder um einzelne Mitarbeiter ohne Aus-wirkungen für alle Beschäftigten.

Im Jahr 1999 präsentierte Kofi Annan, der damalige UN-Generalsekretär, den United Nations Global Compact. Diese Gemeinschaft sollte als eine Initiative zur Erschaffung einer globalen Wertekultur gegründet werden. Es handelt sich um einen weltweiten Pakt, welcher zwischen der Uno und allen Unternehmen geschlossen wird. Diese Gemeinschaft wurde ins Leben gerufen, um die laufende Globalisierung sozial verträglicher gestalten zu können. Konzipiert wurden zehn Prinzipien aus den Bereichen Menschenrechte, Umweltschutz, Arbeitnehmerrechte und Korruptionsprävention.

Die Unternehmen sollten das unternehmerische Handeln nach diesen Vorgaben ausrichten. Der freiwillige Charakter dieser Gemeinschaft wird allerdings weltweit kritisiert. Jeder kann sich frei für diese Mitgliedschaft entscheiden und selbst, wenn man zu dieser Gruppe gehört, wird das Handeln im Unternehmen nicht streng kontrolliert. Demnach können die Akteure mit der Mitgliedschaft werben, sich positiv in der Presse darstellen und das Image aufwerten. Der Global Compact bietet somit eigentlich eine gelungene Plattform für Bluewashing.

Die Unternehmen, welche sich das blaue Emblem des UN-Entwicklungsprogramms UNEP auf alle Werbemittel drucken, leben noch lange nicht die Werte, die den Pakt ausmachen. Nehmen wir zum Beispiel ein Beispiel aus der Textilindustrie: Bei der Kleiderherstellung wird leider immer noch sehr häufig auf Kinderarbeit gesetzt. So versuchen einige Textilhersteller, dem Imageverlust entgegenzusteuern, indem die Unternehmer sich angeblich an den United Nations Global Compact halten. Die formulierten Standards sind allerdings oftmals nicht präzise genug formuliert oder sogar zu wenig streng. Es werden bislang nur die ortsüblichen Mindest-löhne gefordert, statt existenzsichernde Löhne zu vergeben. Leider wird bislang von niemanden kontrolliert, ob der Kodex überhaupt vom Unternehmen gelebt wird oder sich die Unter-nehmen nur ein nettes Image auf die Fahne schreiben. In vielen Fällen wird die Verantwortung für die Kontrolle und die Umsetzung der Standards an die Niedriglohnländer abgegeben. Zusätzlich tragen viele Kleidungsstücke ein Siegel, welches vorgibt, positiv zu sein, aber dem ist nicht immer so.

Schauen Sie sich das Zertifikat für die Better Cotton Initiative an. Ich vermute, von diesen Kleidungsstücken hat jeder ein Teil im Kleiderschrank, denn es handelt sich um ein Siegel von zahlreichen Modeketten wie zum Beispiel Zara, C&A oder H&M. Die Initiative möchte bezwecken, dass auf den Plantagen faire Arbeitsbedingungen an den Tag gelegt werden. Aber die Modeketten versprechen nur, dass es versucht wird, und demnach bewirkt es aber nicht automatisch einen ethisch verantwortlicheren Umgang. Dadurch, dass man sich heutzutage nicht einmal auf diese Siegel und Zertifikate verlassen kann, wird es sehr schwierig für die Konsumenten, zu verstehen, was ethisch unbedenklich gekauft werden kann und was nicht.

WIE DEFINIERT DIE GESELL-SCHAFT BLUEWASHING?

Ich konnte Ihnen nun erläutern, wie wir Bluewashing definieren, die Wortherkunft erläutern, aber was genau Anhaltspunkte für Bluewashing sind, möchte ich Ihnen noch einmal kurz zusammenfassen:

• Es gibt viele verschiedene Varianten von Bluewashing, angefangen mit kleinen Fischen, wie etwa die Unternehmen, welche sich nicht an den Mindestlohn halten, bis hin zu den Unternehmen, welche nicht einmal einen existenzsichernden Lohn an die An-gestellten auszahlen. Das kann vor allem auch daran liegen, dass die Sozialstandards nicht streng genug definiert worden sind. Somit erhalten viele Angestellte lediglich die Zahlung ortsüblicher Löhne.

• Außerdem sind viele Unternehmen Mitglied des United Nations Global Compact. Die Einhaltung des Verhaltenskodex wird allerdings nicht von unabhängigen Stellen kontrolliert. Demnach schreiben sich viele Unternehmen die Mitgliedschaft in die Marketingstrategie, ohne dass sich darangehalten wird. Es gibt zwar mittlerweile Stellen, welche stichprobenartig Kontrollen durchführen, aber wie seriös diese Unternehmer sind, bleibt ebenfalls fraglich.

• Indem die Unternehmen Ihre Verantwortung an die Zulieferbetriebe in Niedriglohnländern weitergegeben, können die Unternehmen selbst die Schuld von sich weisen.

WIE ERKENNT DIE GESELL-SCHAFT BLUEWASHING?

Genau wie Greenwashing findet man Bluewashing besonders oft in der Textil- sowie Lebensmittelbranche. So wird oft damit geworben, dass die Herstellung unter fairen Arbeitsbedingungen stattfindet. Als Kunde würde man erwarten, dass die Produkte ohne Kinderarbeit hergestellt wurden und die Löhne für die Arbeit gerecht sind. Doch wie kann man nun als Kunde erkennen, ob es sich um leere oder sogar falsche Versprechen handelt oder man den Versprechungen des Unternehmens vertrauen kann? Die Werbeaussagen sollten von den Interessenten immer kritisch hinterfragt werden.

• Hinterfragen Sie Werbeversprechen

Forschen Sie immer online nach, denn oftmals lassen sich im Internet recht einfach In-formationen zu dem jeweiligen Unternehmen finden. Falls das Unternehmen bereits gewisse Botschaften in der Vergangenheit beworben hat, schauen Sie nach, ob diese tatsächlich eingehalten wurden. Grundsätzlich gilt immer, dass wir uns das Gesamtbild ansehen sollten und nicht nur das, was auf den ersten Blick im Fokus steht. Einzelne Details, Kampagnen oder Zahlen helfen Ihnen in der Regel nicht weiter. Die Quelle der Information sollten Sie ebenso beachten, denn auch hier darf gern hinterfragt werden, statt blind zu vertrauen.

• Achten Sie auf Gütesiegel

Das Internet lügt niemals, wenn Sie nur genug Zeit und Muße in die Recherche stecken. Wenn

Sie Gütesiegel sehen, welche Ihnen nicht bekannt vorkommen, dann findet man im Internet genug Informationen zu diesen. Ob Sie den Anzeichen vertrauen können, kann Ihnen Google sicherlich sagen. Sollten Sie mal ein Label nicht finden können, würde ich Ihnen raten, vertrauen Sie in diesem Fall lieber nicht. Die bekannten Siegel sind in der Regel alle simpel zu recherchieren. Die ZDF-Doku „Schmutzige Baumwolle" belehrt Sie in diesem Fall sicherlich gern, wenn Sie Bluewashing zukünftig umgehend aufdecken möchten. Die Dokumentation zeigt zum Beispiel, dass die oben erwähnte Better Cotton Initiative keinesfalls für ethische sowie verantwortliche Baum-wolle sorgt.

- Beurteilen Sie Halbwahrheiten
Stellen Sie sich immer die Frage, ob es sich um die ganze Story oder lediglich um Halbwahrheiten handelt. Die drei Säulen der Nachhaltigkeit sind in den meisten Unter-nehmen die Basis für eine ausgeklügelte CSR-Strategie, doch sehen die Säulen nur schön aus oder sind diese auch mit Inhalt gefüllt? Was ich Ihnen damit sagen möchte, ist, dass Sie immer darauf achten sollten, dass Ihnen nicht nur Worthüllen vor die Nase gehalten werden.

Wenn die Unternehmen sich mit tollen Strategien brüsten, nehmen Sie sich gern die Zeit und überprüfen Sie, ob auch etwas hinter der Strategie steckt. Wird diese umgesetzt und werden den Worten auch Taten folgen? Vor allem mit Be-griffen wie „wir bemühen uns" oder „wir wollen zukünftig" sollte man immer sehr vor-sichtig sein.

BLUEWASHING: BEISPIELE AUS DER PRAXIS

Apple – eher rot als blau
Gemessen an der Marktkapitalisierung ist Apple Inc. das größte börsennotierte Unternehmen der Welt. Mit seinen High-End-Produkten wie iPhone, iPod, Mac, iPad und Apple Watch stellt das Unternehmen das zweitgrößte Informationstechnologie-Unternehmen der Welt dar. Die Lieferkette von Apple umfasst so viele Beschäftigte, dass ca. jeder Einwohner in Paris bei App-le arbeiten könnte. Vor einigen Jahren hat Apple beinahe die gesamte Produktion und Montage nach Asien verlagert. Die Arbeitsbedingungen in der Lieferkette sind schon oft in der Presse kritisiert worden – wobei vor allem die Wochenstunden bemängelt

wurden, Selbstmorde von Beschäftigten, Kinderarbeit, Diskriminierung von Frauen und Minderheiten, Nichtauszahlung der Löhne von bereits geleisteter Arbeit und sogar Prügel und Schikanen. Obwohl sich das Unternehmen immer wieder mit der Kritik auseinandersetzt, werden weiterhin Probleme gemeldet. Im Laufe der Zeit ist zusätzlich die Zwangsarbeit und das Fehlen von Arbeitsschutz-ausschüssen festgestellt worden.

Carrefour – Sklavenarbeit statt Supermarkt

Carrefour ist eine französische Supermarktkette und gleichzeitig das drittgrößte Einzelhandelsunternehmen auf der Welt sowie auch zusätzlich das größte Europas. Für die Lieferkette von Carrefour werden ungefähr so viele Beschäftigte benötigt, wie Einwohner in Brüssel leben. Das Unternehmen hat das Rahmenabkommen zum Schutz der Arbeitnehmerrechte mit UNI Global Union unterschrieben. Hier sehen wir ein gutes Beispiel, dass die Mitglieder der Gemeinschaft sich nicht immer an den Pakt halten und bei Weitem nicht alle der zehn Prinzipien beachten, denn Carrefour hat bereits aus unzähligen Gründen mit negativer Presse

Aufsehen erregt. Eine zu der Supermarktkette gehörende Garnelenzucht wurde mit birmanischer Sklavenarbeit in Verbindung gebracht.

Des Weiteren wurden in den vergangenen Jahren verschiedene Verstöße in Bezug auf den Arbeitsschutz, die Arbeitszeit und Entschädigungen gegen den für Zulieferer geltenden Unternehmenskodex festgestellt. Außerdem wurde sehr lange kein Wert für einen existenzsichernden Mindestlohn festgelegt.

McDonald's im Kampf gegen die Menschenrechte

Ein weiteres, sehr bekanntes Unternehmen ist der größte Fast-Food-Konzern der Welt, McDonald's. Dieser Konzern hat ca. eine halbe Million Angestellte, welche in weit mehr als 100 Ländern tätig sind. In den letzten Jahren wurde McDonald's häufig kritisiert, da die niedrigen Löhne in sämtlichen Niederlassungen aufgefallen sind. Viele Mitarbeiter der Fast-Food-Kette sind auf staatliche Hilfe angewiesen, da die Existenz mit dem Lohn nicht aufrechtzuerhalten wäre. Lizenznehmer bestimmten selbst über die Löhne und Arbeitsbedingungen der eigenen Beschäftigten, demnach konnte McDonald's das eigene Gesicht wahren und andere Menschen an den Pranger stellen. In den USA haben Beschäftigte außerdem Beschwerden wegen Verletzungen erhoben, welche auf Zeitdruck zurückgingen. Des Weiteren wurde auf den Philippinen gegen Lohnbetrug protestiert, nachdem festgestellt wurde, dass die Angestellten zu unbezahlter Mehrarbeit gezwungen wurden. Auch in Brasilien stand das Unternehmen zum Thema Menschenrechte negativ in der Presse, hier wurde über Niedriglöhne und schlechte Arbeitsbedingungen berichtet.

Definition Nachhaltigkeits- management

Nachhaltigkeit ist ein Begriff, welcher in vielen verschiedenen Zusammenhängen genutzt wird und dem dennoch keine ordentliche Definition zugrunde liegt. Der Ursprung des Terminus ist bis in das 17. Jahrhundert zurückzuführen. Der Oberberghauptmann Hans Carl von Carlowitz (1645–1714) aus Freiberg formulierte Grundsätze, welche bis heute von der Politik bearbeitet werden. Nachhaltigkeitsmanagement ist referierend ein sehr breit gefächerter Begriff, welcher von vielen Unternehmen, Individuen und letzten Endes auch von der Gesellschaft und der Politik eigenständig genutzt wird. Zusammenfassend beinhaltet das Nachhaltigkeitsmanagement die Planung, Steuerung und Überwachung der Auswirkungen aller Aktivitäten im Bereich Umwelt und Soziales.

Von einem Management wird gesprochen, da in den meisten Unternehmen mittlerweile Abteilungen vorhanden sind, welche sich um die sozialen Projekte und um die umweltbewussten Aufgaben bemühen. Auch gibt es mittlerweile einen Studiengang „Nachhaltigkeitsmanagement" an vielen Universitäten in Deutschland, sodass eine Expertise in diesem Bereich gegeben ist. In vielen mittelständischen Unternehmen wird eine Einführung in Form eines Projektes durchgeführt, welches negative Auswirkungen für die Umwelt minimieren und soziale Kompetenz maximieren soll. Im Resümee setzt das Nachhaltigkeitsmanagement Kenntnisse und Ressourcen voraus, um einen langfristigen Erfolg im Unternehmen zu

generieren und die Konzepte strategisch zu übernehmen.

Die Einführung von Maßnahmen im Bereich
Nachhaltigkeitsmanagement, werden in jeglicher
Form für die Unternehmen unerlässlich. Vor einigen Jahren wurden Richtlinien verabschiedet,
welche eine Berichterstattung von großen kapital-
marktorientierten Unternehmen, Kreditinstituten,
Finanzdienstleistungsinstituten und Versiche-
rungsunternehmen verlangt. Diese Maßnahme
wurde erhoben, da die ökologischen und sozialen
Maßnahmen der Unternehmen für die Stakeholder transparent gestaltet werden sollen. Seit dem
Jahr 2017 gilt dieser Grundsatz durch das verab-
schiedete Gesetz zur Stärkung der nicht finanziellen Berichterstattung der Unternehmen in ihren
Lage- und Konzernberichten als Pflicht.

Neben diesem Gesetz gibt es auch viele weitere Richtlinien (als Beispiel: GRI, ILO, Global
Compact, EMAS) und Management-Tools (als Beispiel: AA1000, Sustainable Balanced Scorecar)
oder vorgegebene Konzepte (als Beispiel: Project
SIGMA, European Corporate Sustainability
Framework), um den Unternehmen zu helfen. Neben diesen Instrumenten ist die internationale

Norm ISO 26000 der erste Leitfaden, welcher sich an alle Arten von Organisationen richtet und zusätzlich die erste Norm im Bereich Verantwortung.

Die Integration des Nachhaltigkeitsmanagements kann nur erfolgreich von Ihnen etabliert werden, wenn die entsprechende Fachexpertise im gesamten Unternehmen verankert wird. Demnach ist auch die Anpassung der Unternehmensleitlinien und der Unternehmensphilosophie nötig. Dennoch ist die Integration und Ausführung von ökologischen und sozialen Maßnahmen nicht unkompliziert. Die Nichtregierungsorganisationen, verschiedene Testinstitute und die Medien stellen viele Konzepte infrage und somit werden die Unternehmen oftmals mit dem Verdacht auf Greenwashing oder Bluewashing bezichtigt. Nichtsdestotrotz erwarten Shareholder, Investoren, Geschäftspartner, die Gesellschaft, die Kunden und mittlerweile auch die Mitarbeiter zunehmend, dass Unternehmen Verantwortung für ihr Handeln übernehmen. Nachhaltige Unternehmensführung entwickelt sich zu einem festen Bestandteil eines Unternehmens. Jetzt ist die Zeit für den

Wandel, damit Ihr Unternehmen auch zukünftig erfolgreich wirtschaftet.

DAS „DREI-SÄULEN-MODELL" ALS BASIS FÜR EIN KONZEPT

Nun ist es wichtig, im nächsten Schritt eine sehr gute Strategie für Ihr Unternehmen zu entwickeln. Wie bereits erwähnt, sind die drei Säulen der Nachhaltigkeit eine sehr gute Basis, um ein operatives sowie auch ein strategisches Konzept für Ihr Unternehmen zu erarbeiten.

Die Drei Säulen werden von dem Deutschen Bundestag wie folgt definiert:

- **Ökonomische Säule:**
Die ökonomische Nachhaltigkeit definiert ein Wirtschaftssystem, welches nicht allein darauf ausgerichtet ist, Gewinne zu erwirtschaften. Vor allem dient die ökonomische Säule dazu, den nachfolgenden Generationen eine hohe Lebensqualität bieten zu können. Dazu gehört das Fördern von Wissen und Lernen, die Integration des fairen Handels in den Wirtschaftskreislauf oder der Schutz wirtschaftlicher Ressourcen. Die

stetige Versorgung der Bevölkerung mit Gütern und Dienstleistungen steht im Fokus dieser Säule.

- **Ökologische Säule:**
Die ökologische Nachhaltigkeit bezeichnet den Erhalt der Erde und der Natur, mit bestem Wissen und Gewissen. Die natürlichen Ressourcen sollen erhöht und der Verzicht auf Raubbau gewährleistet werden. Es gilt demnach, die Belastbarkeit des Ökosystems nicht zu überschreiten, die Gesundheit der Menschen zu schützen und außerdem der Schutz der natürlichen Lebensgrundlage. Beispiele für diese Maßnahmen wäre eine Ressourcenschonung durch eine höhere Energieeffizienz, die Reduzierung von Gefahren- und Giftstoffen, das Nutzen von erneuerbaren Energien wie auch die Nutzung von möglichst umweltfreundlichen Produkten.

- **Soziale Säule:**
Die soziale Säule dient der intergenerationellen Verteilungsgerechtigkeit. Demnach spielt hier die Armutsbekämpfung, die Deckung der Grundbedürfnisse und die Einhaltung der Chancengleichheit eine große Rolle. Die soziale Nachhaltigkeit

sorgt für die Erhöhung von Humankapital, indem Weiterbildungen gefördert und mehr Arbeitsplätze geschaffen werden. Außerdem gehört auch die Geschlechtergleichbehandlung, also die Verteilung der Gehälter sowie auch die Verteilung der Arbeitsstellen dazu. Eine nachhaltige Entwicklung im sozialen Bereich umfasst ebenfalls eine solidarische Gesellschaft, die Demokratie, die Rechtsstaatlichkeit wie auch die Freiheit.

CHANCEN UND RISIKEN VON NACHHALTIGKEITSMANAGEMENT

Unternehmen verbinden im Rahmen des Nachhaltigkeitsmanagements den wirtschaftlichen Erfolg mit sozialer und ökologischer Verantwortung gegenüber der Gesellschaft, den Mitarbeitern aber auch den Lieferanten, Kunden und Verbrauchern. Ein klar definiertes Nachhaltigkeitsmanagement kann die Wettbewerbsposition stärken. Die Chancen und die Risiken helfen Ihnen dabei, einen Plan für Ihr Unternehmen zu erarbeiten. Die genannten Risiken sind vor allem dann tragend, wenn Ihr Unternehmen es nicht schaffen sollte, ein nachhaltiges Leitbild konsistent und glaubhaft umzusetzen.

Die Konsumenten sind mittlerweile sehr für das Thema sensibilisiert und demnach auch kritisch. Halbherzige Versuche, die Unternehmensphilosophie zu ändern, werden schnell entlarvt. Die Chancen, die nachfolgend erwähnt werden, können Ihnen helfen, nicht nur ein Nachhaltigkeitsmanagement aufzubauen, sondern auch noch besser zu wirtschaften. Mit der richtigen Strategie werden Sie zukünftig die Wirtschaftlichkeit Ihres Unternehmens steigern.

Chancen	Risiken
Durch die umweltschonendere Produktion, die Nutzung von grünen Ressourcen oder anderen ökologischen Maßnahmen ist die Erschließung neuer Märkte und Generierung neuer Kunden möglich.	Die Glaubwürdigkeit ist schwer zu erreichen und somit kann es zu dem Vorwurf der Gesellschaft oder der Medien kommen, dass Greenwashing oder Bluewashing betrieben wird.

Die Bestandskunden erhalten einen positiven Eindruck von den Veränderungen und somit hat das Unternehmen das Potenzial für die Umsatzsteigerung durch die Erhöhung der Kundenloyalität	Das Aufbauen eines Nachhaltigkeitsmanagements in den Unternehmen setzt einen großen Aufwand voraus. Dies hat zur Folge, dass Personal eingestellt und in das Unternehmen eingearbeitet werden muss.
Eine längere Lebensdauer der Produkte kann gewährleistet werden, da nachhaltige Produkte oftmals ressourceneffizienter sind. Die Kunden profitieren von dieser Entwicklung und sind zufriedener.	Veränderungen wie diese sind kostspielig für ein Unternehmen. Insbesondere, da nachhaltige Produkte und die Verarbeitung von diesen häufig kostenintensiver sind. Auch für die Unterstützung von sozialen Projekten oder Vereinen fallen hohe Kosten an.

Die Stakeholder können sich besser mit dem Unternehmen identifizieren. Das Image wird somit insgesamt aufgewertet. Des Weiteren werden die Ansprüche der Gesellschaft erfüllt.	Das Unterstützen von sozialen Projekten setzt eine gute Recherche voraus. Im Idealfall passt der Partner zum eigenen Unternehmensleitbild. Im schlimmsten Fall kann eine Geldanlage aber falsch platziert sein. Problematisch wird es, wenn das Projekt mit negativer Presse auffällt.
Die Vorgaben vom Gesetzesgeber werden disziplinarischer. Wenn ein organisiertes Nachhaltigkeitsmanagement im Unternehmen integriert ist, stellt dies kein Risiko mehr dar.	Das Nachhaltigkeitsmanagement sollte sehr gut aufgestellt sein, denn ansonsten kann es dazu kommen, dass unklare oder falsche Aussagen gemacht werden. Somit steigt das Haftungsrisiko.

Die Unternehmen leisten ihren Beitrag zur Verbesserung aller sozialen Bedingungen der gesamten Wertschöpfungskette und unterstützen damit den Erhalt von natürlichen Ressourcen.	Die Umstellung auf eine nachhaltige Produktion kann zu hohen Investitionen führen. Somit ist das Risiko von Falschinvestitionen gegeben. Aufgrund der hohen Kosten in verschiedene Maßnahmen des sozialen Bereichs fehlen dem Unternehmen finanzielle Ressourcen für Neuanschaffungen.

Die Entwicklung einer Nachhaltigkeits- strategie für Sie

Nun kommen wir zu dem praktischen Teil und ich gebe Ihnen Tipps, um eine Strategie für sich und Ihr Unternehmen zu entwickeln. Über die Jahre ist ein Konzept zur Verbesserung der Nachhaltigkeit und des sozialen Engagements für die Unternehmen essenziell geworden. Langfristig bewirken das ökologische Denken und Handeln eine vereinfachte Akquise von Mitarbeitern, Investoren und Kunden. Die positiven Effekte sind breit gestreut und in vielen Literaturen kontrovers. Insbesondere die Risikominimierung wird in vielen Literaturen benannt.

Das Risikomanagement beinhaltet eine nachhaltige Produktion, die strategische Planung und die Aufklärung aller Mitarbeiter. Wichtig ist dieses Instrument, da sich Ihr Unternehmen ein positives Image aufbauen soll und jegliche Anschuldigungen im Bereich Greenwashing und Bluewashing nicht rechtmäßig sein sollen. Allein die Information der Mitarbeiter ist nicht ausreichend für ein gutes Change-Management. Die Loyalität der Angestellten ist ebenfalls ein Indiz, welches durch die Einführung von einem CSR-Konzept geschaffen wird. Eine weitere affirmative Auswirkung ist die Kundenbindung. Die Bedürfnisse der Kunden zu ermitteln, ist für die Wirtschaftlichkeit aller Unternehmen nötig. Mit einer nachweislich grünen Produktion und nebenbei der Unterstützung von sozialen Projekten werden die Kunden von Ihrem Unternehmen überzeugt.

Sie sollten also entscheidende Stellschrauben identifizieren, neue Ziele setzen und entsprechende Maßnahmen planen, gestalten und umsetzen. Die eigenen Ziele und Maßnahmen können Sie regelmäßig überprüfen und transparent nach außen kommunizieren. Hierzu ist es sinnvoll, auch das Leitbild und die Philosophie Ihres Unternehmens anzupassen. Das klingt erst einmal nach sehr viel Arbeit, aber die Umsetzung dieser Maßnahmen machen Spaß und bringen mit Sicherheit auf Dauer mehr Gewinn und weniger Ärger. Sie müssen auch nicht gänzlich neue Prozesse etablieren. Außerdem haben Sie viele Hilfen in Form standardisierter Systeme, beispielsweise das klassische Umweltmanagement oder verschiedene Zertifizierungen.

Wenn Sie sich in die Sparte der großen Unternehmen einordnen würden, können Sie im besten Falle eine eigene Abteilung oder zumindest einen Beauftragten in einer Abteilung für diese Thematiken abstellen. Diese Personen können über Ihre betrieblichen Nachhaltigkeitsaktivitäten wachen und die Umsetzung vorantreiben. Im besten Falle können Sie sogar jemanden für das Change-Management beauftragen, der Ihnen hilft, die

Veränderungen in Ihrem Unternehmen umzusetzen. Die Möglichkeiten in diesem Gebiet sind sehr breit gefächert.

Als kleines oder mittelständisches Unternehmen können Sie auf Umsetzungshilfen zurückgreifen. Vermutlich werden Ihrem Unternehmen die personellen und finanziellen Ressourcen fehlen, um Personen für dieses Thema abzustellen. Vor allem für die strategischen Maßnahmen, wie etwa die Verbesserung der Energieeffizienz, den nachhaltigen Einkauf oder die Förderung des Betriebsklimas, werden ohne weitere Hilfe sehr zeitaufwendig und kompliziert sein.

VERFAHRENSWEISEN BEI DER EINFÜHRUNG IHRES KONZEPTES

Planung des Konzeptes

Zu Anfang werden die Ziele festgesetzt, welche mit mehr Nachhaltigkeit und sozialem Engagement im Unternehmen erreicht werden sollen. Die ursprünglichen Ziele, welche ein Unternehmen anstrebt, sollten mit den neuen Zielen der nachhaltigen Strategie harmonieren. Hierzu ist ein Blick auf die Trends und die Marktentwicklung relevant. Für die konkrete Ideenentwicklung ist es hilfreich, den Mitarbeitern mehr Freiraum zu geben und somit die Kreativität zu nutzen. Die Innovation Ihres Unternehmens wird gefördert, wenn die Mitarbeiter in die Konzeption mit einbezogen werden. Auch die Wirtschaft, die Politik und die Kunden sind ein wichtiger Bestandteil der Neuerungen. Die nachhaltigen Veränderungen betreffen nicht nur Sie als Unternehmen, sondern beziehen sich auf die natürliche, kulturelle und soziale Umwelt. Konkrete Handlungsfelder mit Beispielen werden in den nächsten Abschnitten präsentiert. Diese Ideen können Sie als Unternehmen mit mehr oder weniger Aufwand umsetzen.

Umsetzung der Strategie

Der Sinn hinter einem Konzept muss von Ihrem gesamten Unternehmen verstanden und verinnerlicht werden. Es ist nicht sinnig, wenn lediglich ein Nachhaltigkeitsmanager eingesetzt wird, welcher alle Maßnahmen integriert, überwacht und weiterentwickeln soll. Die Konzepte sollten verschiedene Bereiche abdecken. Dazu zählen die Rückführung der eigenen Umweltbelastung, das

Minimalisieren des Gebrauches unnötiger Ressourcen sowie auch das Auskundschaften von einem konventionellen Management-System. Für die Aufstockung des sozialen Engagements sollten innovative Ideen geplant, der Markt beobachtet und Partner gesucht werden. Dennoch bleibt darauf zu achten, dass die Maßnahmen rentabilitäts- und unternehmenswertsteigernd in Ihr Unternehmen integriert werden können.

Wirkung und Kontrolle der Strategie

Ob die Integration der beiden Konzepte Ihrem Unternehmen zugutekommt, kann anhand der Absatzzahlen eingesehen werden. Auch die Wirkung auf die Stakeholder des Unternehmens macht sich bemerkbar. Die Digitalisierung verhilft bei einer zeitnahen Einschätzung der Veränderungen. Zum einen steigen die Zahlen der Follower auf den Plattformen der sozialen Medien, aber auch die Öffentlichkeit wird anhand von Pressemitteilungen ein Urteil fällen. Intern werden alle Ergebnisse diskutiert, bewertet und abschließend dokumentiert. An dieser Stelle möchte ich darauf hinweisen, dass es kleine Projekte gibt, wo durchaus schnelle Ergebnisse zu sehen sind, aber genauso gibt es auch Projekte, welche strategisch ausgerichtet und demnach nicht sofort steigende Umsatz- oder Followerzahlen zu erkennen sind.

Stetige Innovation

Die Dokumentation der Wirkungsphase ist vor allem für die stetige Innovation von Vorteil. Insbesondere gut angenommene Strategien sollten weiterentwickelt werden. Die Digitalisierung ruft sehr viele Vorteile hervor, aber die Schnelllebigkeit zwingt die Unternehmen zu einer immerwährenden Entwicklung. Des Weiteren ist das nachhaltige Wirtschaften verknüpft mit einer kontinuierlichen Verbesserung aller Prozesse. Verschiedene Methoden zum Umweltschutz werden nicht nur von Ihrem Unternehmen, sondern auch von der Politik und vom Umweltamt publiziert.

HANDLUNGSFELDER, WELCHE SIE IN IHREM UNTERNEHMEN UMSETZEN KÖNNEN

Handlungsfeld	Erläuterung mit Beispielen
Büroausstattung	Die Ausstattung des Büros mit nachhaltigen Materialien ist sinnig und kann zertifiziert werden. Die sogenannten Green Buildings können mit den Siegeln LEED, BREEAM oder dem DGNB-Siegel ausgezeichnet werden. Des Weiteren können IT-Maßnahmen eingeleitet werden, welche die Benutzung von Informations- und Kommunikationstechnologie verbessern. Um den Umgang umweltschonender zu gestalten, kann der Ressourcensparmodus in vielen Fällen aktiviert werden.

Nachhaltige Mitarbeiterbindung	Das Unternehmen kann die grüne Innovation anwenden, um die Mitarbeiter an das Unternehmen zu binden. Es werden immer wieder neue spannende Projekte entwickelt, welche von den Mitarbeitern umgesetzt werden können. Des Weiteren werden auch die Kunden durch die stetige Innovation an das Unternehmen gebunden.
Gesundheitsmanagement	Ein Teil des betrieblichen Umweltmanagements ist die Förderung des betrieblichen Gesundheitsschutzes. Die Umweltmanagementnormreihe ISO 14000 erläutert den Zusammenhang der Gesundheitsaspekte als Schutzzweck von nachhaltigkeitsorientierten Umweltmanagementsystemen. Das Gesundheitsmanagement gestaltet die Entwicklung

	betrieblicher Prozesse möglichst gesundheitsförderlich.
Grünes Miteinander	Im Arbeitsalltag können einige nachhaltige Maßnahmen integriert werden, welche mit wenig Aufwand umzusetzen sind. Dazu zählt zum einen ein nachhaltiges Abfallmanagement, aber auch Bestimmungen und Handlungsweisen, welche im gemeinschaftlichen Aufenthaltsraum stattfinden können. Dazu zählen umwelteffiziente E-Geräte, aber auch gleichermaßen zertifizierte Produkte, wie zum Beispiel Kaffee.
Umweltpartnerschaften	Umweltpartnerschaften können auf verschiedene Art und Weise zustande kommen. Zum einen kann eine Zusammenarbeit mit lokalen Zulieferern oder besonders grünen Lieferanten abgeschlossen werden, zum

	anderen kann eine gemeinsame Kampagne mit einer nachhaltigen Organisation zu einem grünen Image verhelfen.
Nachhaltigkeitsleistungen	Das Nachhaltigkeitskonzept sollte mithilfe der Angestellten entwickelt werden. Indem man die Mitarbeiter für innovative Ideen belohnt, wird die Motivation der Mitarbeiter gesteigert. Des Weiteren wird das Ideenmanagement im Unternehmen aktiviert.
CSR-Software	Softwareprodukte helfen bei der Erfassung und Dokumentation von Nachhaltigkeitsreportings. Des Weiteren kann die Software zur Vereinfachung der Vorgänge dienen, da die Richtlinien oftmals vorgegeben sind und die Datenerhebung mit einem hohen Aufwand verbunden ist.

Verantwortung gegenüber der Gesellschaft	Ihr Unternehmen hat eine große Verantwortung für sich und auch für die Gesellschaft. Das Informieren der Kunden, die Wissensweitergabe an die Mitarbeiter und die innovativen Ideen, welche zu Veränderungen beitragen, werden immer essenzieller. Die gesellschaftliche Verantwortung wird somit in die Strategie integriert und die Vorbildfunktion generiert.
Als positives Beispiel fungieren	Vor allem für die Gesellschaft ist es substanziell, dass die Unternehmen als positives Beispiel fungieren. Aber auch weitere Stakeholder profitieren davon. Selbst die Wettbewerber werden dazu aufgefordert, selbst einige Verbesserungen vorzunehmen, wenn die Konkurrenz auf die Verbesserung

	der sozialen Maßnahmen in den Unternehmen wert legt.
Fördern wichtiger Verbesserungen	Indem Sie sich für soziale Projekte interessieren und engagieren, werden Verbesserungen der Menschenrechte und Umweltaspekte vorangetrieben. Der Zusammenschluss mit anderen Unternehmen führt vermehrt dazu, dass Projekte realisiert und umgesetzt werden können. Demnach muss Ihr Unternehmen nicht zwangsläufig selbst ein Projekt organisieren, auch das Fördern von bestehenden Verbesserungen ist sinnig.

Geldspenden/ Sachspenden	Ein Instrument, wie soziales Engagement ausgeübt werden kann, ist die Spende von Sachen oder Geld. Dieses Vorhaben wird Corporate Giving genannt. Oftmals werden lokale gemeinnützige Institutionen und Organisationen unterstützt. Alternativ gibt es auch die Möglichkeit, die eigenen Mitarbeiter einzubinden. Bei dem Employee Matched Giving integrieren die Unternehmen die Mitarbeiter und somit wird eine große Spendenaktion gestartet.
Sammelaktionen Charité	Neben der einfachen Spendensammlung können Sie auch Veranstaltungen planen, welche einer Organisation zugutekommen. Das kann in Form einer Charité stattfinden, aber auch online gibt es einige Möglichkeiten.

	Dazu zählt zum Beispiel das Crowdfunding.
Mitarbeiter für soziales Engagement freistellen	Stellt ein Unternehmen sein Personal frei, sodass es sich sozial engagieren kann, nennt sich dies Bereitstellung von Humankapital. Ihr Unternehmen kann soziales Engagement der Mitarbeiter fördern, indem die Angestellten freie Urlaubstage erhalten, alternativ können Sie auch soziale Projekte mit den Angestellten gemeinsam unterstützen. Diese Maßnahme verhilft zu einem guten Unternehmensimage und fällt ebenfalls in den Bereich des positiven Einflusses.

Buchen von sozialen Unternehmen	Benötigt Ihr Unternehmen neue Partner für Veranstaltungen oder für das neue Produkt, welches eingeführt werden soll, ist es sinnvoll, wenn ein soziales Unternehmen engagiert wird. Selbst, wenn es lediglich das Catering für eine Veranstaltung ist, kann darauf geachtet werden, dass die Kooperationspartner ökologisch und sozial einwandfrei handeln.

Ihre Strategie mit der Öffentlichkeitsarbeit verbinden

Generell gehört die Öffentlichkeitsarbeit zu der Kommunikationspolitik der Unternehmen. Diese umfasst weit mehr als lediglich das Marketing. Vorerst wird das Kommunikationskonzept strukturiert, geplant und organisiert. Dieser Prozess erfolgt in enger Verbindung mit den Unternehmenszielen und Leitlinien. Diese Arbeit befasst sich vor allem mit den Aktivitäten im Bereich Ökologie und Soziales.

„Tue Gutes und sprich darüber" ist ein altbekanntes Sprichwort, welches auch in vielen Literaturen als Leitsatz verwendet wird. Doch, was bedeutet Kommunikation im Zeitalter der fortlaufenden Digitalisierung? Die Kommunikation- und Öffentlichkeitsarbeit hat sich durch die Transformation der neuen Technologien erheblich verändert. Marken und Unternehmen präsentieren sich häufig multidimensional. Demnach werden die Stakeholder Ihres Unternehmens auf alle Sinnebenen angesprochen. Für Marken und Unternehmen ist es wichtig, dass die Kunden und Interessenten ein Erlebnis mit dem Produkt verknüpfen und somit in den Gedanken verankert sind. Innovative Werbung ist wichtig und die Digitalisierung schafft eine neue Zukunft der Medienwelt. Dennoch hat die Transparenz, welche durch diesen Fortschritt der digitalen Medien erreicht wird, nicht nur Vorteile.

Die Stakeholder haben immer mehr Erwartungen an die Unternehmen. Dies gilt auch für die Kommunikation durch Ihr Unternehmen. Es wird erwartet, dass ein aktiver Beitrag in ökonomischer, ökologischer und sozialer Hinsicht erbracht wird. Dabei können die Kunden und Mitarbeiter über viele verschiedenen Plattformen am Diskurs teilnehmen und alle Aktivitäten der Unternehmen beobachten, kommentieren und bewerten. Die Unternehmen sollten demnach neben einer standardisierten Kommunikations- und Öffentlichkeitsarbeit auch Green-Marketing betreiben. Diese spezielle Form des Marketings umfasst Maßnahmen im nachhaltigen Kontext wie auch die Übernahme sozialer Verantwortung. Die Green-Marketing-Kommunikation unterscheidet sich dennoch von der gewöhnlichen Öffentlichkeitsarbeit vieler Unternehmen, denn das positive Auftreten wird durch vollständige Transparenz erzielt. Dies bedeutet, dass neben den Erfolgen auch die Ziele veröffentlicht werden.

Selbst, wenn die Tätigkeiten Ihres Unternehmens noch negative Folgen für die Umwelt oder die Gesellschaft haben, sollte dies geteilt und gleichzeitig die neuen Strategien publiziert werden. Eine transparente und verständliche Kommunikation ist somit ausschlaggebend. Die Unternehmensziele sind der Grundbaustein für die Green-Marketing-Kommunikation. Die Strategie wird in die Öffentlichkeitsarbeit Ihres Unternehmens implementiert, sobald die Marketing-

maßnahmen vereinheitlicht wurden. Die Gesellschaft gibt hohe ethische Ansprüche vor, welche
eingehalten werden müssen, sodass der Vorwurf
von Green- oder Bluewashing nicht auftritt. Demnach ist eine authentische Werbung, welche positiven Anklang in der Gesellschaft findet, die
größte Herausforderung. Somit werden die Werte
und Bedürfnisse der Stakeholder analysiert und in
die Strategie eingebunden.

Im nächsten Schritt folgt die Überlegung, welcher Distributionskanal gewählt werden soll, um
eine möglichst hohe Reichweite zu schaffen. Den
ganzheitlichsten Dialog erreichen Sie mit einem
Kommunikationsmix. Eine spannende und ab-
wechslungsreiche CSR-Kommunikation ist für das
Erreichen einer großen Reichweite essenziell.
Mittlerweile gibt es allerdings ein sehr großes
Spektrum an Plattformen und Instrumenten, somit können nicht alle Absatzkanäle gewählt werden. Auf der einen Seite gibt es die Social Net-
works wie Instagram, Facebook, Xing oder Linke-
dIn. Diese Plattformen eignen sich für das Com-
munity-Management. Des Weiteren kann eine
Homepage oder allgemein das Internet genutzt
werden, um möglichst viele Informationen über

sich als Unternehmen oder Marke preiszugeben. Verschiedene Blogs oder Plattformen wie Twitter eignen sich für den Austausch. Zuletzt fungieren Socia-Sharing-Kanäle wie YouTube, TikTok oder Kununu ebenfalls für die Informationsbereitstellung. Wie Sie sehen, vereinfachen das Internet of Things und die Nutzung von digitalen Vertriebskanälen den Austausch mit dem Verbraucher.

Eine gute Kommunikation mit der Öffentlichkeit kann allerdings nur funktionieren, wenn auch der innerbetriebliche Austausch vorbildlich ist. Demnach sollten also die Marketingstrategien im Unternehmen verankert sein. Die Informationsweitergabe und die darauffolgende Verinnerlichung der geplanten Maßnahmen sollten in alle Unternehmensbereiche kommuniziert werden. Dieses Vorgehen ist Voraussetzung für die Harmonie aller Kommunikationsmaßnahmen. In diesem Zusammenhang sollten das Kommunikationskonzept und die dafür ausgewählten Veränderungen mit dem Unternehmen im Einklang stehen. Insbesondere für die Glaubwürdigkeit ist dieser Aspekt von Bedeutung.

Passen die Maßnahmen des Unternehmens sehr gut zum Auftreten, wird der Vorwurf des

Green- oder Bluewashings weniger riskiert. Ein weiterer wichtiger Aspekt in diesem Kontext ist, dass eine Informationsweitergabe an die Mitarbeiter in Form eines Social Intranets insbesondere von den Young Professionals bevorzugt wird. Im Hinblick auf die steigende Zahl der Mitarbeiter im Homeoffice ist die interne Kommunikation sehr wichtig für die Verbindung zum Unternehmen. Angesichts der steigenden Fluktuation ist die dadurch entstehende Identitätsbildung substanziell.

Demnach verändert das Mindset der Angestellten auch die Kommunikation in Ihrem Unternehmen. Dabei zählt der interne Austausch mindestens genauso erheblich wie auch die Öffentlichkeitsarbeit. Die digitale Revolution verändert unendlich viel und welches Ausmaß das noch annehmen wird, kann man sich vermutlich heute noch nicht einmal vorstellen.

Wie Sie sehen, ist es nicht so einfach, ein gutes Nachhaltigkeitsmanagement in Ihr Unternehmen zu integrieren. Viele Unternehmensbereiche sind sehr eng miteinander verknüpft und demnach reicht es einfach nicht, nur einen kleinen Bereich umzustellen. Vor allem die Öffentlichkeitsarbeit wird durch die Digitalisierung immer wichtiger. Demnach sollte diesem Bereich auch immer viel Aufmerksamkeit geschenkt werden, wenn Sie ein gutes Image für Ihr Unternehmen wünschen.

Die Zukunft ist grün

Wie gut oder schlecht ein Unternehmen das Nachhaltigkeitsmanagement betreibt, beeinflusst zukünftig den Unternehmenserfolg. CSR ist mittlerweile viel mehr als eine moralische oder eine ethische Frage. In den letzten Jahren hat die Wirtschaft gelernt, dass Ökonomie und Ökologie, unternehmerisches Handeln und soziale Verantwortung nur gemeinsam funktionieren und sich nicht weiter gegenseitig ausschließen. Unternehmen, die nachhaltig wirtschaften, sind langfristig wesentlich erfolgreicher. Grünes und soziales Engagement ist kein Luxus mehr, sondern Normalität. Wenn auch die verschiedenen Konzepte unterschiedliche Budgets erfordern, kann jedes Unternehmen anfangen, kleinere Projekte und Maßnahmen umzusetzen. Das, was früher unmöglich erschien, ist heute im Bewusstsein der Menschen verankert.

Dennoch machen die Unternehmen den Unterschied, die nicht nur versuchen, sich ein grünes oder blaues Image zu waschen – echte nachhaltige Maßnahmen oder auch nicht. Es ist nun mal ebenso wichtig, die gesamte Strategie im Unternehmen zu integrieren, sei es die Unternehmensphilosophie oder einfach die grüne Mitarbeitergemeinschaft. Sie sollten also hinter dieser Thematik stehen, wirklich Veränderungen schaffen wollen und das Konzept ernsthaft angehen.

Nachhaltigkeit ist nicht nur als ein Werkzeug für das Verschaffen von Vorteilen gegenüber der Konkurrenz. Gehen Sie gewissenhaft vor, um die Ressourcen der Umwelt nachhaltig zu verwenden. Die Integration der drei Säulen Nachhaltigkeit Ökologie, Ökonomie und Soziales hilft Ihnen, einen Anfang zu finden.

Die Gesellschaft hat verstanden, dass die Ressourcen begrenzt sind und die Belastung der Umwelt so gering wie möglich gehalten werden muss, damit der Planet lebenswert bleibt. Das, was allerdings aufgestockt werden muss, um zukünftig nachhaltiger zu handeln, sind die Informationen. Insgesamt ist die Gesellschaft zu wenig aufgeklärt, wenn es um das Thema CSR geht. Ein Großteil der Bevölkerung weiß bislang noch nicht, was Greenwashing oder Bluewashing eigentlich ist.

Das bedeutet gleichzeitig einen großen Fluss an Falschmeldungen und Falschinterpretationen. Zusätzlich sorgt die geringe Aufklärung für eine Verunsicherung der Gesellschaft. Politik, Handel und Hersteller sollten hier eine langfristige Änderung vornehmen und der Gesellschaft eine Basis geben, um somit sicherzustellen, dass die Aufklärung zu diesem Thema gewährleistet ist. Auch die Unternehmen können mit dem Publizieren der nachhaltigen Unternehmensstrategie helfen, sofern es sich um eine transparente Informationsweitergabe handelt und nicht nur um das Grün-Waschen des Images.

Natürlich bleibt das Hauptziel jedes Unternehmens weiterhin die Erwirtschaftung von

Umsatz und Gewinn als Grundlage des weiteren Wirtschaftens. Immerhin ist das die Existenzgrundlage für ein Unternehmen. Trotzdem sollten die Themen der Zukunft immer im Hinterkopf der Unternehmer bleiben: Vernetzung und Entgrenzung, Alterung und Feminisierung, Fachkräftemangel und Migration, Nachhaltigkeit und Sozialverträglichkeit. Hier reden wir von relevanten Schlagworten, welche die Zukunft der Arbeitswelt kennzeichnen. Seien Sie offen für Neues und offen für Trends – denn nur so wird Unternehmensgeschichte geschrieben!

Herstellung und Verlag:

BoD – Books on Demand, Norderstedt

ISBN: 9783756214907

1. Auflage

Kontakt: Psiana eCom UG/ Berumer Str. 44/ 26844 Jemgum

Covergestaltung: Fenna Larsson

Coverfoto: depositphotos.com